PRINCÍPIOS DE VIDA

DUGPA
Rimpoche

Série *Princípios de vida:*

Dalai Lama

Mahatma Gandhi

Dugpa Rimpoche

Próximos lançamentos:

Sai Baba

Tradição Judaica

Tradição Indígena Americana

PRINCÍPIOS DE VIDA

DUGPA
Rimpoche

Organização de
JEAN-PAUL BOURRE

Tradução de
Luca Albuquerque

NOVA ERA
Rio de Janeiro
2004

CIP-Brasil. Catalogação-na-fonte
Sindicato Nacional dos Editores de Livros, RJ.

Dugpa (Rimpoche), 19--- 1989
D912p Princípios de vida: Dugpa Rimpoche / organização de Jean-Paul Bourre; tradução de Luca Albuquerque. – Rio de Janeiro: Record: Nova Era, 2004.

Tradução de: Préceptes de vie du Dugpa Rimpoché
ISBN 85-01-06420-3

1. Dugpa (Rimpoche), 19--- 1989 – Ensinamentos. 2. Vida espiritual (Budismo). 3. Meditação – Budismo. I. Bourre, Jean-Paul, 1946-. II. Título.

CDD – 294.3442
03-2177 CDU – 291.3.4

Título original francês
PRÉCEPTES DE VIE DU DUGPA RIMPOCHÉ

Projeto gráfico de miolo e capa: Valéria Teixeira
Foto de capa: Helena Artmann

Direitos exclusivos de publicação em língua portuguesa para o Brasil adquiridos pela
DISTRIBUIDORA RECORD DE SERVIÇOS DE IMPRENSA S.A.
Rua Argentina 171 – Rio de Janeiro, RJ – 20921-380 – Tel.: 2585-2000
que se reserva a propriedade literária desta tradução

Impresso no Brasil

ISBN 85-01-06420-3

PEDIDOS PELO REEMBOLSO POSTAL
Caixa Postal 23.052
Rio de Janeiro, RJ – 20922-970

SUMÁRIO

Introdução

Conheci Dugpa Rimpoche no Nepal em novembro de 1985, no mosteiro budista de Nagarkot, subindo pela fronteira tibetana. Em Dulhikel, um budista americano já louvara diante de mim os méritos de Rimpoche, sua visão libertadora, que, segundo ele, estava "perfeitamente adaptada ao nosso mundo moderno". Descrevia o fulgor das réplicas do mestre, sua maneira precisa de responder a cada questão, tal como a flecha alcança o alvo, fazendo cair a ilusão e desnudando o problema. Os numerosos refugiados tibetanos de Dulhikel consideravam Dugpa Rimpoche um homem miraculoso. Meu interlocutor explicou-me que Rimpoche havia acompanhado o Dalai Lama em sua fuga do Tibete, no momento da invasão chinesa, trocando em seguida Dharamsala pelos altos de Nagarkot, que lhe recordavam o Tibete.

Diante de nossos olhos, a cadeia do Himalaia, o "Teto do Mundo", os cumes nevados. Mais abaixo, no vale, as estupas tibetanas, as aldeias nepalesas, os arrozais em terraços. Era nessa paisagem de começo do mundo que eu iria conhecer Dugpa Rimpoche, o mestre dos aforismos.

Na aldeia, as mulheres ainda batem a palha com a ajuda de manguais. As casas ainda são feitas de madeira e argamassa. Búfalos pretos descem as ruas em ladeira, como há vários séculos. A paisagem é imóvel. Nada saiu do lugar. Depois das últimas casas, descortina-se a paisagem surpreendente, imensa, estendida — com os seus três cumes lendários, ali, ao alcance da mão: o Annapurna, o Melung-tsé e o maciço do Everest, coroados de neve.

Nagarkot, a três mil metros de altitude, é um conjunto de refúgios de montanha para os adeptos do *trekking*. Sobre a porta de um dos refúgios, uma inscrição traçada com tinta vermelha: "*End of the Universe*", ou seja, "Fim do Universo". O refúgio é um eremitério fixado na montanha. Acima da porta, um tridente de metal, colocado ali como um pára-raios, indica que estamos sob a proteção do deus Shiva. Diante de nós estende-se uma pequena plataforma rochosa, debruçada sobre o vazio. Embaixo, percebe-se a bruma branca, nos vales, e os maciços montanhosos, brancos de neve, que se desenrolam até o Tibete. O fim do Universo. O mosteiro foi justamente construído do outro lado da montanha. Era aqui que Dugpa Rimpoche recebia os visitantes, os lamas vindos de outros mosteiros, do norte do Nepal, ou de Dharamsala.

Permaneci durante dois anos nessa paisagem vertiginosa, entre minha célula de estudo e as cerimônias do templo budista. O mosteiro tibetano não tinha nada de excepcional afora sua posição geográfica, sobre esses cumes de neve, à beira do vazio — mas havia Dugpa Rimpoche, seus ensinamentos e sua presença inesquecível. Lembro-me da aura de silêncio e de perspicácia que se desprendia de sua personalidade. O monge enrugava os olhos quando ria, e eram de repente iluminados pela gravidade. Sua presença mesma era iluminada. Ele representava a sabedoria antiga, várias vezes milenária, e dirigia-se às mulheres e aos homens, seus contemporâneos. Fizera a opção de responder aos problemas e às aflições do mundo moderno.

O mestre do Vajrayana, o "Caminho do Diamante", não se perdia em longas teorias sobre as vantagens da meditação, sobre a técnica das visualizações. Respondia a cada uma das questões que lhe eram apresentadas com uma visão rápida, perfeitamente ajustada ao problema, ao questionamento. E suas respostas revelavam sempre o essencial, tocando o coração, e era como se camadas de obscuridade se desmantelassem. Cada uma de suas respostas exaltava o espírito, comunicava uma nova maneira de ver, imediata.

Dugpa não se contentava em difundir oralmente os seus ensinamentos. Ele escrevia seus princípios a tinta, em páginas brancas que enrolava em seguida e que evocavam os antigos rolos de preces tradicionais. Aplicava-se com a minúcia de um calígrafo, para traçar os sinais, e meditava sobre o texto enquanto escrevia.

Relacionei-me com Dugpa Rimpoche até sua morte, ocorrida em Dharamsala em 1989. Tentei retranscrever seus *Princípios* procurando não lhe trair o pensamento esclarecedor, para que cada um deles conservasse toda a eficácia.

Realizei grande parte destas traduções no mosteiro de Nagarkot, não muito longe do "País de Neve". Dugpa Rimpoche tinha conhecido as grandes metrópoles, as multidões de Londres e de Nova Délhi, mas optara pela solidão das montanhas para guardar distanciamento e afiar sua visão. Das alturas de Nagarkot ele respondia com surpreendente precisão aos problemas e às aflições do século XX. Cumpria sem dúvida o voto dos *bodhisattvas*, que renunciam à felicidade do Nirvana para se porem a serviço dos outros e ajudá-los em sua liberação.

A técnica de Dugpa Rimpoche é simples e radical. Ele propõe o caminho do guerreiro ao homem adormecido em suas certezas e ilusões. Uma técnica rápida, para responder às angústias do mundo moderno: a visualização e a compreensão imediata do preceito, assim que é lido ou ouvido.

Estas palavras de sabedoria, vindas das montanhas do Nepal, dos tempos de exílio em Dharamsala ou do vale tibetano do Tsangpo, são destinadas aos homens e às mulheres de hoje, que não desejam o fracasso e querem vencer plenamente em suas vidas.

Jean-Paul Bourre

Como utilizar os princípios

Concentre diariamente sua atenção sobre um princípio, observe-o, medite sobre o significado dele, e ele acabará iluminando seu espírito. A repetição do preceito escolhido e sua visualização provocam verdadeira modificação do mundo mental.

Dugpa Rimpoche

O sucesso

A chance sempre aparece para aquele que a deseja. Nunca subestimes teus sonhos. Deves fazer um pacto com eles, pois são a fonte e a força inesgotáveis que te permitirão vencer. Atrás do obstáculo, surge uma liberdade inteiramente nova, um horizonte mais vasto.

O obstáculo é o espelho de tuas próprias hesitações, de tuas confusões. Usa o obstáculo para esclarecer a ti mesmo. A prova cotidiana é sempre uma luz para a alma.

Enfrenta a prova com o desejo de autoconhecimento e de auto-realização. O sucesso vem para aquele que transforma o obstáculo em fogo de alegria e que dele se serve como um trampolim para crescer em paixão, em amor, como o guerreiro Trungpa que entoa o seu canto de vitória. Considera o obstáculo como um nobre e grande adversário.

A chance nunca deixou de estar dentro de ti, como um puro tesouro. Tua tarefa consiste em despertá-la. A chance te acompanha desde a eternidade. Na verdade, a chance se acha apaixonada por ti. Não te curves. Não te desesperes. Deves ficar bonito para o encontro, mostrar tuas melhores cores, tuas mais belas paixões. Elas são as chaves mágicas que abrem todas as portas e tornam leve o que é pesado.

Nunca te apegues aos resultados obtidos. Eles te desviariam do Caminho, impedindo o progresso. Busca sempre novas metas para tua vida, uma paixão sempre nova.

O eterno autodespertar destrói a lassidão, a tristeza, o sentimento de fracasso. É uma permanente fonte de alegria.

É preciso viver como se conserva uma chama. Procura experimentar, cotidianamente, uma paixão, uma grande idéia, sentindo-te feliz por tua audácia mas sem orgulho, mantendo-te humilde diante das belezas da Criação.

Estamos conectados com o mundo e com os mistérios dos universos por laços sutis. Teu encontro com os outros tem por objetivo tua própria harmonia.

Na confusão e no caos do mundo, nós nos sentimos perdidos, dispersos, isolados. Este sentimento de fragilidade e de solidão é uma ilusão. Aprende a encarar os indivíduos como as centelhas de um fogo único.

Desenvolve em ti o entusiasmo e a certeza, assim como um marinheiro se mantém firme no leme em meio ao mar revolto, sem nunca perder a esperança de alcançar um porto seguro.

Deves tornar visível o objetivo que queres atingir, como uma mandala durante uma meditação. Aprende a amar o bom êxito. Faze com que ele brilhe acima de teus atos, como um sol, uma bela luz. Somente então ele se dará a ti.

Concentra teu espírito sobre uma coisa de cada vez, evita a dispersão. Reúne tua vontade numa cabeça de alfinete, e atravessarás o obstáculo.

Tu és o teu próprio adversário, a repetida causa dos teus fracassos. Há em ti um mundo obscuro que ainda não conheces. Enfrenta-o com armas luminosas.

Não desvies nunca a cabeça em face do obstáculo. Desarma-o pela paciência e pela alegria.

A agressão não leva a nada. Ela cega o espírito e o atira contra o obstáculo. Imita o exemplo do pássaro. Eleva-te do solo por meio da meditação. Só a serenidade e a elevação permitem transpor a mais alta montanha.

Não negligencies nada. Tudo é portador de promessa, desde que olhes com o olho da alegria. Não te ponhas a pensar em termos de começo e declínio, de bem e mal, de luz e obscuridade. Em todas as coisas, aprende a ver o começo de todas as coisas.

Aprende a renascer a cada instante. Ali onde tu olhas, o universo começa, e a alegria se acha em seu início.

A disciplina não é uma camisa-de-força que imobiliza o corpo. Ela permite constantes reajustes.

Dá aos outros a possibilidade de amar, e de existir, pois eles têm tanta importância quanto tu mesmo. Os outros brilham como as estrelas do céu. Cada um deles é um sol único, uma luz primordial.

As provas devem ser aceitas com coragem e doçura. Cada uma delas te propõe a riqueza do coração e a alegria do espírito. Precisas de coragem para vencê-las e de doçura para amá-las.

Ter bom êxito exige uma grande confiança nos outros. Não se pode ter bom êxito sozinho. Os outros são os milhares de braços que ajudam a construir a vida de cada um. É assim que o universo funciona, da menor das células de vida até as mais longínquas galáxias. Aprende a considerar o universo como uma rede de boas vontades.

Tememos o confronto, o encontro com o outro, porque temos medo de ser destruídos ou diminuídos. Contraímos o hábito de olhar o mundo como uma sucessão de fracassos, de desastres. Transforma essa terrível maneira de ver as coisas. O obstáculo indica sempre os graus de teu progresso. Ele é o momento desejado para a tua transformação. Não o encares como um adversário aterrador. O obstáculo não é mais que um espelho no qual tu mesmo te refletes, com teus medos, tuas hesitações.

Não conserves em ti nenhuma animosidade, rancor ou desejo de vingança. Livra-te dos maus pensamentos, das assombrações, das obsessões que paralisam a vontade. Não dissimules nada. Uma cobra afugentada para debaixo da cama continua mesmo assim incomodando o repouso do homem adormecido. Para vencer teus desejos, cultiva o desejo de vencer a ti mesmo.

O sucesso não é nada mais que a imagem mais bela de ti, que se constrói e realiza diante de teus olhos. O sucesso é uma mulher coberta de sedas e de jóias brilhantes. Aprende a seduzi-la.

Para evitar o fracasso, as decisões devem ser antes de tudo meditadas, com suas conseqüências. Imagina-as como uma rede de energias, com forças que se cruzam, amplificam-se ou se combatem. Tu és o centro delas. A fonte única. É preciso deixar bastante claro o obstáculo, antes de enfrentá-lo, saber como ele funciona, para não sermos surpreendidos e para podermos desfazer as armadilhas.

Elimina pouco a pouco os hábitos, os automatismos, as más disposições que dividem e atravancam o espírito.

Utiliza tuas sensações de embriaguez, de prazer, com clara consciência de ti. Dá nova significação a toda ação, toda experiência, todo combate da vida cotidiana. Então conhecerás a alegria dos vencedores, daqueles cuja força interior se acha polarizada para a meta a ser atingida, como a agulha de uma bússola.

Encontra teu centro, a partir do qual poderás construir tua vida, empreender, realizar um projeto. Esse centro, que é tua fonte de vida pessoal, é como um lago calmo que nenhuma paixão agita. É um silêncio profundo, espiritual, que se produz quando o pensamento se detém, com suas palavras e suas imagens. Busca tua ação nesse silêncio.

O sucesso exige uma disposição feliz do espírito. Nenhum pensamento negativo deve contrariar teu desejo de bom êxito.

Não te desvies da ação cotidiana, se quiseres obter a mais nobre das vitórias: a vitória sobre ti mesmo.

A expansão do ser é a maior das vitórias. Ela confere paz ao coração, propicia a alegria de viver e a lucidez do espírito. Então os obstáculos caem por si mesmos, e as dificuldades tornam-se simples etapas necessárias ao teu progresso.

A felicidade

A felicidade exige a aceitação dos outros, a simplicidade do coração e o maravilhamento do espírito.

A felicidade não é um paraíso fechado, separado do mundo. Ela é ao mesmo tempo a fonte e o oceano.

Não te desesperes com a felicidade. Ela não está te esperando do outro lado da terra ou numa vida futura. Acha-se, ao contrário, onde tu mesmo te encontras, aguardando o momento em que estiveres finalmente disposto a convidá-la e recebê-la. Volta teus pensamentos para ela. Não precisas senão superar teu medo.

Para seres feliz, aprende a desejar na alegria e na inocência. Não há felicidade sem vontade de felicidade.

O que torna feliz pode também causar tristeza. Não suportes mais tuas paixões. Aprende a ultrapassá-las. Então tua alegria será maior.

A felicidade é uma alma repleta de sol. Busca em tudo o sol do meio-dia.

O orgulho e a arrogância são miseráveis proteções. Suprimindo-os, tu suprimes a distância que te separa dos outros.

Crês que a felicidade é efêmera e que se acha ameaçada pelas agressões da vida cotidiana. Quando experimentas a alegria, logo chega a inquietude, o sentimento da brevidade das coisas. Não te atenhas a medir ou calcular aquilo que te é oferecido. Procura viver o instante como se ele nunca fosse passar.

Só o instante é eterno. Jamais gozamos plenamente o instante.

A felicidade consiste em descobrir a parte de eternidade oculta no outro e reconhecê-la como exatamente sua.

Contraíste o hábito de acreditar que o homem dispõe de uma única vida, limitada pelo nascimento e pela morte. Achas mesmo que a felicidade seja possível num lapso de tempo tão curto, onde ressoam a angústia do tempo e a ameaça da morte?

A felicidade se dá àquele que venceu o medo de viver e que considera sua vida uma centelha sagrada, na longa continuidade das idades.

Somos responsáveis por nossas ações e conduta. Colhemos o que semeamos. É a grande lei kármica de causa e efeito. Duas razões devem nos compelir à busca da felicidade: melhorar nossa vida atual e assegurar-nos um renascimento feliz na vida futura.

Busca a inocência do presente, a claridade simples das coisas. Aprende a viver a eternidade.

Propicia felicidade, mas não peças aos outros que te correspondam.

Não rejeites o prazer sexual, como se ele fosse indigno de um caminho de conhecimento espiritual. Os adeptos do tantrismo dizem que a experiência amorosa permite alcançar a grande luz. O encontro físico de dois corpos é um ato sagrado, pois ele cria simultaneamente energia, amor e luz.

Há felicidades efêmeras, rápidas, apaixonadas, que passam e deixam um gosto de cinzas na boca, uma impressão de tristeza definitiva. Há também a felicidade eterna, que não passa e fica dentro da gente como uma lâmpada acesa. Ela nunca deixou de existir desde o não-começo dos mundos. Para descobri-la, basta praticar a interiorização.

Tens medo de perder o que possuis e não és feliz. Aprende a renunciar, no interior de ti, sem deixar de desejar. Afasta-te e aproxima-te das coisas, simultaneamente. É uma das chaves da Liberação. Aceita perder o que possuis, se quiseres conservá-lo por muito tempo.

Aprende a brincar, em tua vida cotidiana, como as crianças e os monges do vale de Tsangpo.

Não temos outro deus senão a Alegria, cuja fonte suprema se encontra em cada um de nós. Tornate o encantador, o mago que transforma a vida. Surpreende teus amigos, espanta-os, tece em torno deles um cenário de teatro. Tal leveza perfuma a vida. Ela dá às tuas atitudes de adulto um caráter sobrenatural, lendário. Não tenhas medo de desejar a vida por sua beleza, por seus milagres, como um enamorado, um adorador.

Somos livres para amar e escolher. Não és tu quem decide, com tuas angústias e contradições, mas a vida soberana que existe em ti, aquela que os lamas chamam de a Grande Deusa.

A felicidade é primeiro uma disposição do espírito, uma maneira diferente de encarar o mundo. Ela vem em nossa direção porque a desejamos apaixonadamente, de acordo com a lei de atração e harmonia que rege o universo.

Não procures lutar, compreender, analisar. Como a criança, esquece-te na Alegria.

Em Dharamsala, em Nova Délhi, assim como em Londres, Munique ou Paris, os homens e as mulheres sofrem a automatização das sociedades. Eles sofrem por ignorância, privados do próprio espírito. Volta a conferir-lhes a alegria que lhes falta. O homem livre é uma estrela. Deve brilhar para si mesmo e para os outros.

Cuidado com a memória. Ela é como um castelo mal-assombrado, repleto de velhas lembranças que não querem ir embora. Torna-te caçador de espectros. Torna tua consciência clara e luminosa, sem sombra, sem imagem. Não guardes tanto passado dentro de ti, não te preocupes tanto com o futuro, pois é no instante que o mundo está sendo criado. O restante não existe.

Pensa e age sempre a partir do instante. O poder da vida não flutua no passado nem no futuro, que não passam de visões do espírito. Ele se encarna no instante. É no instante que descobrirás o poder da vida, não pensando no passado ou no futuro.

Para aquele que sabe ver, cada instante da vida é uma ilha de felicidade. Basta deter-se, não se deixar arrastar pelo turbilhão das tempestades, o rumor do mundo.

Constrói uma ilha, para ti e aqueles que amas, um templo, uma fortaleza inexpugnável... mas deixa tua porta aberta, dia e noite.

Volta-te e olha o caminho percorrido. Não te apavores. Colhe sempre o fruto da experiência passada e aumenta dessa forma o teu tesouro.

Lembra-te. A compaixão é uma das formas silenciosas da felicidade. Ela permite tecer laços de ouro, entre ti e os outros, ela permite dar à tua alegria horizontes maiores e mais vastos. A felicidade não prende. Ela liberta.

A felicidade e o amor são inseparáveis. A felicidade não brilha sem o amor. Para ser feliz, aprende primeiro a amar.

O pensamento confuso, complicado, é a fonte de todos os teus sofrimentos. Busca a simplicidade e a transparência do coração.

A felicidade não é um paraíso quimérico, inacessível. Ela é a sombra luminosa de ti mesmo, o refúgio dourado, o jardim pacífico onde os adversários são reconciliados.

Se quiseres ser feliz, renuncia à agitação inútil, às palavras vãs, à precipitação que não passa de uma fuga infeliz. Detém-te, acalma teu espírito, ouve a ti mesmo viver.

A amizade

Escolhe teus amigos pela qualidade da alma, mesmo que eles não compartilhem tuas aspirações e teus projetos. Não fiques sozinho. Tens necessidade de uma família humana maior, para abrir teu coração e te liberar. Considera-os como irmãos e irmãs com os quais compartilharás um segredo.

A amizade permite avançar mais rápido no caminho da Liberação. Amigos que se conhecem bem se olham e se avaliam no mesmo espelho, sem nunca deixar de se amarem. Um é o espelho fiel do outro.

Fica à escuta de teus amigos, atento, disponível, como o deve ser um irmão, um confidente — então se formará em volta de ti um círculo mágico, uma mandala protetora.

Os verdadeiros amigos não se embaraçam com palavras inúteis. Eles podem comunicar através de silêncios, sonhos premonitórios, intuições. É a luz do coração que os aproxima.

Aquele que toma consciência da amizade deixa de estar só. Ele se torna o outro e tece com este uma rede de trocas sutis. Não procura modificar, não obriga a compartilhar seus gostos, seus desejos. Não ainda. Contenta-se em ser. Conserva-se à beira do amigo como o eremita à beira do lago. Busca a própria imagem no mistério do outro.

A amizade é um refúgio, uma comunidade sagrada, fraternal. É um dos "preciosos refúgios" de que falam os diferentes Budas. No alarido do mundo moderno, o homem e a mulher devem aprender a refugiar-se. Quando se busca o refúgio, os problemas desaparecem como uma revoada de pássaros sob pedras lançadas contra eles. Perdem o próprio peso e se põem a dançar.

A amizade permite romper o círculo, sair de si mesmo e ir ao encontro do outro. É um ato de liberação que ilumina a parte mais bonita de nós mesmos, superando os egoísmos e as frivolidades. Encara o encontro entre dois amigos como um milagre na estrada, de maneira livre, desinteressada, desembaraçada do ciúme e da posse. Então a amizade se tornará uma experiência interior.

A amizade é uma ponte entre as diferenças. Ela nos faz viver de acordo com nós mesmos, sem hipocrisia, e nos torna benevolentes para com os outros. Ela junta aquilo que o egoísmo e a ignorância dispersam.

Indo em direção aos outros, tu te descobres a ti mesmo. Torna-te vulnerável e desprotegido. É então que o coração se põe a brilhar.

A amizade dá origem a novos sóis. Ela celebra a grande bondade do universo, sua plenitude, e sua alegria constante.

Não hesites em confiar aos amigos teus sonhos, teus desejos, tuas hesitações, a fim de torná-los visíveis e superá-los. Não há amizade sem esforço nem sem combate interior.

Precisarias da força ascética do eremita, do mestre de sabedoria, para te livrares do que é confuso e ilusório. Hoje, o homem moderno não pode fazer nada sem a ajuda dos outros. Ele não vive nas solidões do Tibete, fora do mundo, protegido contra os profanos pelo círculo sagrado de um mosteiro. São o diálogo, a troca, a reciprocidade que nos liberam e nos reconduzem à fonte Única, comum a todos os seres.

"Ó, lama", implora o discípulo, "desperta-me de meu sono profundo! Ó, tira-me rápido desta prisão profunda!"

O lama envia um espírito, uma deidade, ao encontro do discípulo, que assume sempre o rosto do amigo nos ensinamentos tibetanos. Este mistério se repete em cada misterioso encontro. Assim, num grupo de amigos, cada qual é o mensageiro, o libertador do outro.

Considera a amizade como uma cerimônia feliz, uma dança, uma festa onde as diferenças não pelejam entre si, não se aniquilam umas às outras. As personalidades brilham com o mesmo fogo, sem perder sua particularidade nem sua identidade.

A onda de palavras não é necessária para fortificar e fazer viver a amizade. Ao contrário, denota sempre a instabilidade e a inquietude. Aprende a ficar em silêncio junto a teu amigo. Compartilha com ele o silêncio, que é o espaço secreto onde o coração fala diretamente ao coração. Onde as palavras não teriam trazido senão tentativas de explicações ou justificações desajeitadas, um gesto e um sorriso bastarão para dar origem à alegria.

Não limites a amizade a relações superficiais. Ela te oferece uma percepção mais profunda do mundo. Nela se abre o misterioso espaço do coração, eterno, onde se encontram o céu e a terra, num mesmo espelho.

A amizade é como o perfume das flores. Ela repleta de bálsamo aquele que se conserva em sua presença. Não procures cortá-la, desenraizá-la, para levá-la ciumentamente contigo. Tu a farás morrer.

Aprende a viver em paz com teus amigos, a superar as futilidades, os problemas de amor-próprio que geram os conflitos e que vêm dos teus medos e de tuas angústias. Considera a amizade como a parte secreta de ti mesmo, e ela te esclarecerá sobre o teu próprio espírito.

A amizade não é uma prótese nem uma muleta. É um dom gratuito do espírito. Ela te dá aquilo que tu mesmo deves dar em troca. Ela te ensina a compartilhar as infinitas riquezas da vida.

O amigo aparece quando precisas dele ou, ao contrário, deixa que tu te debatas com os teus problemas e os teus sofrimentos? Não cultives essa exigência egoísta, furiosa, que não é mais que um capricho passional. O amigo virá a ti se souberes ir até ele.

A amizade não pode ser julgada nem medida. Deixa-a viver livremente, como o vento, como a chama, e não a perderás mais.

A amizade é a lei que liga os planetas entre si, todas as formas visíveis e invisíveis do universo. Não exijas dos astros que se esmaguem uns contra os outros, tu destruirás o maravilhoso equilíbrio natural. Eles vivem uma relação atrativa muito poderosa, que os mantém em vida, respeitando a natureza e a identidade de cada qual. O mesmo acontece com os seres humanos. A amizade não exige uma presença física constante. Ela se exprime muito mais misteriosamente pelo silêncio e pela atração.

O amigo não é o supremo curador, o salvador todo-poderoso, que possui a chave da felicidade. Ele não é mais que o reflexo enriquecido de ti mesmo. Ele traz para ti aquilo que perdeste.

Entrega-te a teus amigos sem segundas intenções, com o espírito claro e alegre. Aprende a dar sem reter, se quiseres crescer em sabedoria e em amor.

O êxito

O êxito é o fruto de um perfeito conhecimento de si e dos mecanismos do mundo. O êxito social conserva-se frágil e ameaçado se não tiver raízes no êxito interior.

Vencer na vida é antes de tudo alcançar a paz consigo mesmo, sem perder o gosto e o fervor de viver.

Ter êxito exige um olhar lúcido sobre si mesmo e sobre os outros, assim como uma vontade persuasiva, o profundo desejo de alcançar um objetivo. Quando pensares no êxito, não te entregues a um simples devaneio, sem paixão, sem força. Considera-o com amor, afaga-o, cuida dele em teus sonhos, em teu coração. Então ele se tornará visível.

O que perdes voltas a encontrar sempre, mas de modo diverso. Cultiva a paciência, e as coisas virão a ti.

Aceita a prova. Em tua vida, tudo te será dado: o medo, a felicidade, a dor, as angústias, a alegria, os sorrisos...

Os obstáculos que te impedem de avançar não são definitivos. Olha-os de maneira diferente, e tu os verás mudarem.

O êxito é relativo. Ele é feito ao mesmo tempo de ouro e de simplicidade. Aprende a olhar uma flor com admiração, e poderás alcançar os mais altos cumes.

Basta uma meditação de alguns minutos todos os dias para que a vida seja transformada. Tenha em cada dia um pensamento feliz por toda a criação, e a alegria te será dada.

Sem realização espiritual, não há sucesso, não importa em que nível de tua vida. Vencer na vida é encontrar em ti mesmo a perfeição do universo.

Reconhece o valor do outro, se quiseres progredir.

Não construas de maneira frenética, compulsiva. Consolida tua construção, dá-lhe raízes profundas. Não esqueças que toda criação vem do coração e para ali retorna. Não construas nunca fora do amor e do desejo de servir o mundo, se quiseres vencer na vida.

O êxito pessoal está ligado ao êxito dos outros. Nenhum sol brilha sozinho no universo. Tudo se acha ligado de forma irremediável, como os membros de um mesmo corpo.

Não se tem sucesso em detrimento dos outros, mas sim compartilhando com eles uma maravilhosa aventura comum. O que se acha separado, destacado, é chamado à extinção e à morte. Só o amor salva o mundo, impedindo-o de desmantelar-se, de voltar para o nada.

Não consideres os ganhos da vitória. Eles pesam e envenenam o espírito. Aprecia-os com respeito e humor, como os sinais do teu sucesso. Eles não passam de sinais secundários em teu progresso. Balizas, iluminando o teu caminho.

Vencer na vida não é adquirir uma posição social que nos dê o sentimento de domínio sobre os outros. Tal sentimento é quase sempre a causa de quedas e fracassos. Não confundas o progresso social e o progresso espiritual. É preciso muita sabedoria para agir com eficácia.

Vencer exige uma grande renúncia. Aquele que se apega aos frutos de suas obras não progride mais. Ele se vê emperrado, paralisado pela própria criação. Desapega-te pela meditação, sem renunciar às tuas obras.

Pára de acumular, se quiseres vencer na vida. O atravancamento material não passa de uma paródia da felicidade. Ele divide e torna o espírito pesado. Volta a apostar na leveza.

Não ganhas uma corrida para ti mesmo, mas para ser amado pelos outros e para merecer seu respeito. Não consideres a vitória pessoal uma proeza egoísta. Ela deve te aproximar dos outros, de sua fraternidade.

Não raro o fracasso abre os olhos do coração. No fracasso, vemo-nos despidos, sem proteção, frágeis e doentes, ou seja, sinceros e humanos, liberados dos artifícios, das falsas proteções que não serviram para nada. O fracasso compreendido, profundamente meditado, pode tornar-se o primeiro degrau do sucesso.

A elevação social do homem deve ser desprovida de orgulho e de arrogância, se ele quiser realizar plenamente a vida e fazer de cada ação, por menor que seja, um esplendor radiante.

Vencer sem destruir os outros é participar das leis harmônicas do universo.

Crescemos para construir, para pôr no mundo, para realizar a vida, e não para destruir, para suprimir ou diminuir. A vontade, a lucidez e o amor são as três chaves de ouro do sucesso.

Aprende a entrar na pele dos outros. Deves colocar-te no lugar deles, experimentar suas sensações, suas emoções, para compreender realmente quem eles são e de que maneira reagem. Então teus parceiros sociais não serão mais adversários, mas aliados, cúmplices.

Não há outro inimigo em teu caminho senão tu mesmo. Não contraias o desastroso hábito de cindir o mundo em "amigos" e "inimigos". Que todos os teus atos estejam voltados para a alegria e para a paz. O único guerreiro valoroso é o do combate interior, pois este é o único combate digno do Homem.

Vencer é antes de tudo obter o amor dos outros.

Nas provas difíceis, volta-te para o teu próprio coração, refugia-te em ti mesmo e retorna à superfície com novas forças.

O sucesso do homem de sabedoria não é uma construção efêmera, destinada a desmantelar-se. É como uma ponte, uma passarela entre dois mundos. Todas as vitórias humanas não são mais que uma preparação para a passagem, para a mudança de mundo. Deves vencer a travessia. É assim que o adepto torna-se um buda, um iluminado. O sucesso último é a sabedoria divina. A vida é a dura senda que conduz a ela.

Tu és lúcido e conheces a brevidade da vida entre o nascimento e a morte. Aproveita tal conhecimento. Utiliza a vida como um atalho para a Sabedoria. Não percas tempo. Tua vida começa hoje.

Não tenhas medo de pedir muito à sorte, às circunstâncias da vida ou aos deuses protetores, de acordo com tuas crenças.

Sem audácia, nenhum projeto pode ser realizado.

Quando se baseia no orgulho, o sucesso nunca dura muito. Devora-se a si mesmo e arrasta o homem à ruína. Ele o engole, como o faria um monstro mitológico.

Aprende a trabalhar para ti mesmo e para a beleza do mundo. Busca o entusiasmo dos exploradores, dos construtores de impérios, que visavam à mais longínqua linha do horizonte para realizar sua obra. Em cada instante de tua vida, busca a alegria das grandes partidas.

Aquele que acumula de maneira egoísta, que esquece de redistribuir uma parte de seus ganhos com os outros, torna a terra estéril e impede as próximas colheitas. Ter sucesso não é ganhar para acumular, mas dar para receber mais.

O trabalho bem-feito é ao mesmo tempo ação e meditação. Uma vez terminado, ele não fica exterior a ti mesmo, destacado, como acontece com tantas realizações humanas. Ele se conserva na luz do coração.

Trabalha pensando sempre na alegria dos outros. Não tenhas sucesso para ti mesmo, mas para aqueles que se acham próximos de ti. A alegria deles será a coroa de ouro de tua vitória.

O paradoxo do sábio: para viver livre, é preciso saber-se mortal, e para saber-se mortal, é preciso obter plenamente consciência de sua imortalidade.

O amor

A experiência amorosa recomeça o mundo, a cada instante.

O amor é antes de tudo um dom de Deus, antes de ser centelha e desejo no coração do homem. Ele junta o que se acha separado: a alegria e a dor, a recordação e o esquecimento, o nascimento e a morte. Ele é o grande libertador.

O amor não toma. Ele dá.

A posse impede a paz da alma. É um reflexo destruidor que dá origem ao sofrimento.

Há um mistério do amor. Aqueles que se amam experimentam em seu coração a força de atração dos astros, o queimar dos sóis, o começo e o fim dos mundos. Eles morrem e renascem num mesmo corpo.

O amor que não podes atingir brilha fora de ti, e sua luz te parece inacessível. Considera-o uma estrela longínqua que só brilha para ti. É assim que ele se aproximará.

O amor é uma fusão das almas para além do corpo, ainda que o corpo dele participe ardentemente, apaixonadamente. Ele vai além do eu, arranca-nos de nossas certezas, de nossas crenças, e nos coloca numa clareira pacífica que se assemelha à eternidade.

Sentes amor por alguém? Esse amor não é correspondido? Não desanimes, não te desvies do caminho. Se teus pensamentos vêm do coração, sem animosidade, sem violência, novos e belos malgrado o teu despeito, o teu desencorajamento, então o coração do outro será tocado.

Não há amor sem renúncia, sem abertura do coração. Não esperes o amor. Vai ao encontro dele.

Interroga-te sobre os teus verdadeiros motivos de amar antes de acusar os outros. Não raro somos nós mesmos a causa de nossas infelicidades. Ilumina tuas motivações profundas, e te tornarás portador de uma nova riqueza.

Nós nos acreditamos indignos do amor, e esse sentimento negativo nos impede de viver. Considera que em amor não existe vencedor nem vencido. Somente a vida triunfa.

Todo ser humano é digno do amor. Acolhe-o simplesmente, como acolherias o céu, o sol ou o movimento das nuvens. Aprende a leveza no amor, sem ficar apavorado com sua profundidade.

O amor nos torna eternamente ricos.

A confiança e o respeito mútuos são os pilares do amor. Ambos transcendem as rivalidades e os egoísmos. Para amar, renuncia a tuas proteções, abandona tuas trincheiras, e entrega-te à nudez do coração.

Só podes amar o outro se amares a ti mesmo.

A partir de hoje, decide por um modo de vida diferente. Não deixes que o imobilismo e o envelhecimento se instalem em tua relação amorosa. Opõe a eles a espontaneidade, a energia juvenil, emoções e sonhos novos. A dúvida e a lassidão envenenam quase sempre o amor. Redobra a vigilância.

Conserva permanentemente o amor como um fogo, com perfumes, cores, músicas. Cultiva a sedução. Aprende a fazer com que brilhem teus atos, teus pensamentos, teus desejos. O amor precisa de luz para viver.

O universo se equilibra quando duas mãos se juntam.

Olha cada pessoa que encontres como se ela estivesse te trazendo um grande segredo.

O amor é uma grande força de cura.

No amor físico, cada um procura desesperadamente o outro. Não te contentes com uma posse efêmera do corpo, mas procura a fusão do corpo e do espírito, tomando consciência das tuas emoções, das tuas sensações. É assim que os adeptos do tantrismo se unem à Grande Deusa. É assim que o amor se torna libertador.

Se quiseres amar e ser amado, encara cada novo dia como excepcional.

Quando se ama realmente, a presença do ser amado é sentida ao mesmo tempo como sofrimento e como prazer. É o duplo combate entre a sombra e a luz. Uma ameaça vem juntar-se à tua alegria, um sombrio pressentimento de fracasso que te faz infeliz. Encara a tristeza e a alegria como as duas cores de um mesmo buquê de flores. Se uma não afrontar a outra, então teu amor estará salvo.

O amor é a outra vertente da solidão, o seu lado iluminado.

No amor físico, o céu explode em centelhas, e tu participas do abrasamento e da criação dos mundos. A união do corpo e do coração abre uma porta para a imensidão.

Algumas pessoas imaginam que o desejo desaparece depois do ato amoroso, que ele comunica um sentimento de tristeza e nos afasta do outro. É uma visão errônea. Aproveita esse momento incomparável para meditar sobre tuas sensações e para tomar consciência do que significa realmente o repouso do corpo.

Por trás do ato amoroso existem as manhãs claras e a transparência do mundo.

O amor não é exterior a ti, ainda que o procures além de ti mesmo. Ele tem sua morada nos mistérios do teu coração. Tu apenas perdeste a chave.

A infância

Não traias nunca a infância. Ela é como uma mina de ouro, sob o amontoado dos teus problemas, das tuas angústias. Um sol que nunca se apaga.

Diante de tudo o que acontece, comporta-te como o guerreiro lúcido que combate o obstáculo, e como a criança maravilhada que descobre o mundo.

Para lutar contra a inquietude e a lassidão, volta-te para os teus filhos. Eles são a espontaneidade, a sinceridade, a inocência que perdeste. Desce do teu papel de adulto, aprende a participar das brincadeiras deles, a viver as emoções deles, e verás que teus olhos se tornarão mais claros e as coisas se tornarão outra vez novas.

Encara o espírito de infância, que não é infantilismo, como um mestre, um guia sutil, uma fonte que cura.

Deves voltar a encontrar a infância, como o cego volta a enxergar.

Consagra-te aos filhos, em certos dias, com todo o teu fervor. Volta a ser o que foste, e a vida te aparecerá como uma grande e bela aventura, com seus desafios, seus encantos, suas altas cores. Aprende a tornar a ser vivo.

Quando observares uma criança, tenta compreender o que ela sente, tenta compartilhar seus sonhos e suas brincadeiras. Desperta em ti o espírito de infância. Essa experiência proporciona grande alegria, um sentimento muito forte de liberdade. Voltarás a encontrar a audácia de viver, o desejo de amar e de descobrir.

Se quiseres progredir, aprende sempre a deixar a confusão e o alarido do mundo. Aproxima-te das crianças. Torna-te outra vez um passeador.

Não hesites em brincar com teus filhos, ajoelhado no chão de um quarto, no meio dos exércitos em batalha e dos belos livros vermelho e ouro. Volta a encontrar o cavalo de fogo das lendas, o dragão que deve ser combatido, o país das neves, as princesas misteriosas. Tal disposição feliz do coração mantém o milagre e impede o encarquilhamento e a secura do corpo, as doenças de adulto.

Confia em teus filhos, ouve-os, aprende a compartilhar sua vida interior. Eles te darão asas de gigante nas dificuldades.

O espírito de infância instala o céu no meio dos teus atos.

O espírito de infância é uma celebração contínua da vida, uma fonte de alegria constante. Libera do peso, dos maus hábitos que nos tornam tristes e infelizes, da crueldade e da violência do mundo. Não ficamos mais divididos, separados. O espírito de infância nos propicia o amor integral.

Não afastes teu olhar dos tempos de criança. Se nostalgias e lembranças vierem assombrar teus sonhos, não os rechaces. As recordações mais belas são como luzes perdidas, um raio de sol numa clareira. Essa emoção é talhada no mais puro cristal, na pura luz. Anda com ela nas provas de tua vida. Ela é o espírito protetor que te acompanha.

O espírito de infância nos aproxima dos outros, livremente, sem apreensão. Os outros também pertencem à mesma luz brilhante, também vêm da infância e sofrem como nós o exílio e a separação.

O espírito de infância não se esconde. Está a todo instante apostando na vida. Seu entusiasmo é contagiante como o fogo. Ele transforma o mundo.

Não esqueças nunca a parte de infância que existe dentro de ti, se quiseres guardar uma luz acima de tua vida.

Aprende a rir e a sorrir em meio às dificuldades da vida. Volta a encontrar em ti o espírito do belo verão, o guardião das fontes, o fazedor de milagres. O espírito de infância apazigua as aflições e traz de volta as luzes da Festa. Ele libera o mundo, dando-lhe novamente a profundeza do céu.

O espírito de infância nos torna eternamente ricos.

Protege a criança. Conserva-te junto a ela como um servidor, um protetor, um vigilante sagrado. Só por sua presença, ela enobrecerá tua vida.

Aprende a ficar emocionado com o espetáculo do mundo. Contempla as belezas da natureza, da folhinha de relva à estrela mais longínqua. Despojado de orgulho e de agressão, tu participas da alegria do mundo, de sua perpétua criação.

O espírito de infância não é um período de tua vida passada que não voltará mais, mas um estado de ser, uma certa qualidade do coração, que faz o mundo brilhar.

Que tuas emoções sejam sempre novas. Iluminado pela infância, o menor instante da vida é um dom prodigioso, uma fonte de alegria infinita.

Cultiva o espírito de infância, malgrado as lágrimas e as provas cotidianas. Ele dará flores a tua vida e te tornará livre.

Quando nuvens escuras se amontoam sobre tua vida, ignora-as e volta-te para o espírito de infância. Abandona tuas resistências, teus medos, tuas angústias, que surgem da ilusão e da agitação de teu espírito. Fecha os olhos e volta a encontrar em ti a calma de uma manhã de primavera.

Traze a luz, dissipa a escuridão. Esse poder se acha em ti.

Nas provas difíceis, diante das agressões cotidianas, utiliza o espírito de infância como um escudo de cristal. É uma das armas do guerreiro espiritual. Ele não responde à violência pela agressão. Sua natureza é muito mais sutil. Ele reflete e devolve a luz.

Quando eu era monge em Shiga-tsé, vi as crianças do vale de Tsangpo brincando e, em seguida, conheci as crianças das grandes cidades, as de Nova Délhi, de Londres, de Dharamsala. Suas brincadeiras e tudo o que fazem não estão voltados para o passado nem para o futuro. Elas só têm uma meta, um único objetivo: alcançar o diamante puro do instante.

Como a criança, o sábio é aquele que se surpreende com tudo.

A criança se conserva à margem e observa o tempo correr. O que vem ou o que vai lhe acontecer quase não tem importância para ela, pois só alimenta um desejo: realizar seus sonhos aqui e agora.

O espírito de infância não conhece o ódio, as frustrações, os rancores. Ele se conserva despido e imenso diante do universo. Exige uma resposta à altura dos seus sonhos. Pede um milagre a cada dia renovado.

As crianças brincam como as fontes, os reflexos do sol, o movimento das nuvens. Tu precisas dessa alta luz que libera a alma e torna o corpo leve. Busca esse sentimento de plenitude em todos os teus atos, e tua vida mudará.

A infância é a parte de eternidade perdida que nos atormenta.

A meditação

Na verdade, nenhum pensamento está completamente isolado. O verdadeiro espaço se acha no interior. O que se passa no espírito repercute no universo inteiro.

A vida é uma disciplina que se conjuga com o presente. Realiza plenamente cada um dos teus atos. Não te interesses senão pela vida, sob todas as suas formas, pois ninguém sairá vivo desse jogo.

Não temas a solidão quando ela vier ao teu encontro. É a ocasião de te achares a sós contigo mesmo e te fortificares.

Muda de ponto de vista para guardar distância. Desconfia de tuas paixões, faze um recuo ao te recolheres.

Aprende primeiro a acalmar o espírito e a relaxar o corpo, depois desce em ti mesmo como um mergulhador. Não temas conhecer a plenitude e a completa vacuidade. Tu só tens uma vida, mas ela é infinita. Com a meditação, entras naquilo que não pode ser dividido nem separado.

A meditação te aproxima do teu centro assim que fechas os olhos. Ela não está ligada ao processo do pensamento, nem ao jogo fantasmagórico das emoções. Aprende a ficar em silêncio, e teu coração se abrirá.

A origem das coisas não se acha situada no passado. Ela se produz agora, a cada instante, em teu espírito. Aprende a pensar de outra forma.

Podes utilizar um sonho, uma recordação, como suporte de tua meditação. Não analises, não reflitas. Contenta-te em observar, sem palavra, sem pensamento, assim como o animal observa fascinado o fogo. Transforma teus desejos e tuas sensações em energia pura. Considera-os como pedras preciosas, que brilham, destacadas de ti.

Cada paixão dominada acende um novo sol.

Não é necessário que medites sobre as mandalas e as figuras tradicionais do Vajrayana. Toma o teu próprio desejo como objeto de tua meditação. Observa-o, a distância, sem perder a capacidade de te maravilhares, e segue como se estivesses subindo um rio, em busca de sua fonte. Ele é a chave que abre todas as portas.

A meditação te permite entender a palavra do silêncio, perceber sua Clareira em teu próprio interior. Essa visão não é possível se estiveres numa atitude sonolenta, que provoca o devaneio. Senta-te para meditar, o busto ereto, como uma árvore, os olhos fechados, na posição do espreitador. Observa muito longe em ti, sem relaxar a atenção, o espírito vazio, evitando o movimento dos pensamentos. É a atitude do guerreiro espiritual, do Desperto.

Aprende o poder de amor da meditação: ela abre o coração e põe nele todo o universo. Ela volta a reunir o que foi separado pela ilusão. Eis que te encontras imerso na onda da vida e corres com ela.

A meditação transforma a crença em realidade vivida. Utiliza seu poder, se quiseres mudar o mundo.

Refugia-te muito longe em ti mesmo, se quiseres encontrar os outros.

Se estiveres infeliz e num estado de confusão interior, não acuses o mundo, pois ele não é outra coisa que o teu próprio reflexo. O que tu és, o mundo o é também. Cura-te, e o mundo ficará curado.

Deves promover uma reviravolta em teus hábitos de pensamento. Desce em ti, o espírito livre, consciente de tua divindade, à maneira de um espelho que reflete o sol.

Aprende também a meditar de olhos abertos. Concentra-te sobre a beleza de uma flor, o murmúrio das vagas ou o rumor do vento. Suprime a distância que te separa das coisas. Meditar é um ato de amor.

Medita mesmo no alarido da vida cotidiana, em meio à confusão de transeuntes, andando na rua. Descondiciona-te. Eleva-te por um momento e considera o espetáculo do mundo como um fluxo eterno, sem começo nem fim. Tu estás no centro, o único ponto fixo, com tua consciência, tuas sensações, tuas reflexões. Meditar dessa forma renova a energia e evita a lassidão.

Meditar é renunciar ao universo conhecido e descer aos bastidores, onde o espírito manipula o cordão do jogo. É voltar a ser o grande maquinista, o criador do universo.

A meditação começa sempre por uma total descontração do corpo físico, que elimina as tensões. Aprende a respirar, ou seja, a tornar vivos os mecanismos habituais do corpo.

Não temos nenhuma consciência de nós mesmos. É por isso que o menor choque exterior nos surpreende e nos perturba. Busca o domínio interior sem perder a inocência do olhar e a bondade do coração.

A meditação permite reunir as energias, evitando a dispersão e o esbanjamento. Orientando teus pensamentos para os outros, podes curar aqueles que sofrem, ajudar os infelizes e praticar o bem. A meditação desperta os poderes do espírito.

Se quiseres te deslocar e aproximar-te de alguém, utiliza a força todo-poderosa do pensamento. Visualiza o local aonde queres chegar, concentrando as emoções, os desejos, sem te perderes em devaneios. Para isso, não podes deixar teu espírito vagar, mas ao contrário convocá-lo ao centro de ti mesmo, pela meditação, sem jamais perder a consciência do instante.

Reúne teus pensamentos no centro de ti mesmo e não os deixes derivar. Visualiza esse centro como sendo a única realidade, se quiseres que tua meditação se transforme numa arma de despertar.

Durante a meditação, deixa flutuarem as idéias e as sensações vagabundas, sem procurar retê-las. Deixa o vazio invadir teu espírito, e sentirás um maravilhoso calor, assim como uma alegria imensa. É então que a distância entre ti e o mundo desaparecerá. Tu estás no lugar do espírito que reúne todas as coisas. A partir desse lugar, podes agir sobre ti mesmo e sobre o mundo.

Considera teu espírito como o templo de ouro que contém todo o universo.

Descobre a profundeza da meditação e encontrarás o imediatismo do mundo. Os mestres de sabedoria ensinam que esse instante é a única realidade. Dele nascem os universos e os mundos.

A meditação te permite ocupar realmente teu lugar, encontrar o equilíbrio e a harmonia. Ela é a estrada real que conduz à felicidade, o caminho mais curto, pois ela evita os maus hábitos de fora, os artifícios, as ilusões.

Os conflitos, o ódio, a violência vêm da falta de autoconhecimento, que dá origem à dor e à confusão. Não duvides de teu esplendor interior. Cada ser vivo é uma estrela.

A doença e a morte

Desconfia dos pensamentos negativos, pois eles fazem mal ao corpo e ao espírito. Eles são os primeiros sintomas do mal. Cura teu espírito, se quiseres curar teu corpo. Procura pensar de modo positivo, mesmo diante das provas mais duras da vida.

Não deixes a doença ganhar terreno. Coloca pensamentos felizes à tua volta, como se fossem linhas de defesa.

A chegada da doença coincide sempre com uma falta de confiança, um relaxamento do espírito. Ela se compraz na angústia, na dúvida e na confusão. Não deixes que ela governe tua alma e teu corpo. Considera-a como um inimigo externo, sub-reptício e astuto, que avança mascarado, aproveitando a escuridão para agir.

A doença não resiste às mais altas luzes do espírito. Cultiva o sentimento de amor, de beleza, de compaixão, para purificar teu espírito e teu corpo, reparar o que foi rompido, eliminar as forças negativas e trazer de volta a harmonia.

Dize a ti mesmo que cada mau pensamento enfraquece a determinação, entrava a vontade, abre uma brecha e prepara o terreno para a doença.

O segredo da doença: ela se vale de uma falta de vigilância, do obscurecimento do espírito, da ausência de luz, para invadir o corpo.

Os pensamentos negativos, o medo, a dúvida são aliados táticos da doença. Aprende a combatê-los.

Contrapõe a eles a confiança, a certeza e o amor da vida. Não esqueças nunca que o amor é o supremo curador.

Aborda a doença com lucidez, malgrado tuas preocupações, e ela te ensinará bastante sobre ti mesmo.

A doença ergue-se em teu caminho como uma falésia escarpada, um cume que é preciso vencer. Não te mostres passivo. Há em ti forças novas, inesgotáveis. Para ajudar a cura, busca o socorro de teu próprio espírito, imenso, infinito, fonte de toda sabedoria.

Se estás sofrendo, medita profundamente sobre o teu sofrimento. Localiza-o. Tenta senti-lo fora do corpo deslocando tua consciência. Torna-te o espectador atento e destacado do jogo, como se aquilo que estivesses sofrendo não te pertencesse — em seguida, afasta-te dele.

Olha o sofrimento como uma mensagem inscrita em tua carne. Ele não tem outro objeto, outra intenção que tua perfeição, tua realização pessoal. Aprende a ler, depois abandona o livro. Atrás do sofrimento se acha o vazio radiante, cintilante, sem o qual não há liberdade.

Se quiseres viver feliz, aprende a meditar sobre tua própria morte. Ela não é o fim da vida, mas o começo de um novo nascimento. A morte é uma porta.

Toma a mão do moribundo, não o deixes sozinho no momento da morte, acompanha-o em sua difícil travessia.

Nunca é tarde demais para transmitir palavras de sabedoria aos moribundos.

O amor não rechaça a morte. Ele exige um verdadeiro dom de nós mesmos, uma participação fraterna na morte do outro. Falar todos os dias a uma pessoa em coma pode ajudá-la a morrer. Cria-se então uma relação telepática, de coração a coração, que permite vencer as dificuldades da passagem.

A morte não existe. Vencer a morte é mudar de mundo e iniciar uma viagem.

Não vejas a morte através da lupa deformada das crenças, das obsessões, das superstições. É-nos difícil compreender que no momento da morte nós surgimos no instante, e que não há outro instante no mundo. Pela morte, saímos do tempo.

Aprende que não há começo nem fim do mundo. Nada evolui ou progride ao longo do tempo. É uma falsa maneira de ver. O universo é instantâneo. Ele nunca deixa o instante. *Nós não deixamos nunca o instante.*

A morte nos reconduz ao Presente eterno do mundo, que os tibetanos chamam de Clareira, em seu começo que não acaba.

O que é que não muda e que a morte reencontra? A luz do Ser, o sol da Origem. Enquanto não aceitares a morte, permanecerás incompleto, privado de tua natureza profunda, de tua consciência eterna. O medo de viver e o medo de morrer tornam a felicidade impossível.

Nunca é tarde para aprender a morrer.

Deves saber que a morte dura alguns segundos para os parentes e amigos que assistem o moribundo... Para este último, a viagem dura várias vidas, que ele atravessa em tempo real. Nessas vidas, ele pode reencontrar aqueles que ama sob outras formas. Saberá reconhecê-los. Vai morrer numerosas vezes ainda, elevar-se sempre, até essa misteriosa Clareira que alguns chamam de Deus, e que é a substância vazia e eterna do universo.

Libera-te das superstições que atravancam teu espírito. Uma vez morto, ninguém volta no corpo de um animal para sofrer uma pesada punição, nem no de um sábio ou no de um desperto se tivermos sido virtuosos.

Na morte, encontramo-nos no âmago de nós mesmos, mas ao mesmo tempo — o que é a mesma coisa — nos achamos no âmago do universo.

Acolhe a morte como a uma amiga, e a vida te aparecerá em todo o seu esplendor. Todos os teus medos desaparecerão. Poderás doravante viver sem temor nem agressividade, dormir como uma criança, liberar-te das tensões do mundo, abrir-te à alegria e alcançar os planos superiores da existência.

Todas as fases sucessivas da morte são as fases do começo da vida. Eis por que o trauma da morte está irremediavelmente ligado ao trauma do nascimento e por que os místicos e os despertos falam de um "novo nascimento". Eles pressentem que no *instante* da morte a origem e o fim se confundem.

Medita sobre esta visão: tudo se passa no mesmo lugar, no mesmo tempo, no mesmo instante — o nascimento e a morte.

A morte não é o fim da vida. Ela se abre em nós, a cada instante. É em nós que ela possui suas raízes. Utiliza a meditação para encontrá-la e torná-la tua amiga.

Não temas a morte. Caçadores da morte, nós sabemos onde devemos desentocá-la. No instante. No âmago do instante. Em seu centro. Como a pérola de ouro que os antigos situavam no centro do mundo. Seu lugar real se acha em ti. Tu não a encontras fora de ti.

Os mestres de sabedoria ensinam que a morte e o nascimento são uma porta única que nunca se fecha. A morte, tal como a concebemos, não existe.

Aprende que o estado divino não é apenas o do pós-morte... é também o anterior ao nascimento. O *mesmo*. A mesma presença aberta, nunca desaparecida, que trazemos conosco sob a forma de vertigem, de abismo.

De onde viemos? Se soubermos responder a isso, saberemos para onde vamos ao final da existência.

Força do Despertar: na morte, alguns esquecem, outros se lembram.

Prepara-te em cada instante para a morte, a fim de morrer em paz quando ela vier. Aprende a morrer em pensamento todos os dias, e não temerás mais a morte.

O território da morte não se acha depois da vida. Ele está simultaneamente antes e depois, no alto e embaixo. Aprende a *ver* de outra forma.

A morte te envia sinais — sonhos, aparições, encontros, visões. Aprende a decifrá-los. É assim que ela se faz conhecer. Adestra a morte, e a amargura se tornará doçura.

Não esperes o momento da morte para aprender a conhecê-la. Será muito tarde.

A morte não está separada da vida. Considera a vida e a morte como o cheio e o vazio de um mesmo objeto.

Não existe o mundo dos vivos e, na outra margem, o mundo dos mortos. Trata-se de um mesmo estado de der, esquecido, ao qual não temos mais acesso. A morte nos reconduz ao Presente eterno do mundo, ao seu começo que não tem fim.

O que não muda e a morte reencontra? A luz do Ser — a da Origem.

A autoconfiança

O que procuras? A felicidade, o amor, a paz de espírito. Não vás buscá-los no outro lado do mundo, pois voltarias decepcionado, amargo, desesperado. Busca-os no outro lado de ti mesmo, nas profundezas do coração.

Não sejas o portador da opinião dos outros. Afirma aquilo que és, sem temer o escândalo.

Olha no interior de ti mesmo, atrás das crenças e das verdades aprendidas. Não te mascares para seduzir. Ousa olhar o sol de frente. Tua sinceridade dará profundidade, luz, a todos os teus atos.

Evita usar máscaras. Aceita o confronto com os outros sem deixar de ser o que és.

Para aquele que se põe à escuta do próprio coração, a estrada deserta é um momento de alegria. Atrás da amargura ele encontrará mel.

Ouve apenas teu coração. Retorna para a tua fonte.

O homem costuma construir sua vida sobre a areia. Contenta-se com idéias, pensamentos, crenças acumulados, aprendidos com desdém, que nunca foram verificados pela experiência. Tua personalidade não é feita do acúmulo de idéias e de opiniões comuns. Ela deve brotar do mais profundo de ti mesmo. Afirma o que tu és realmente. Ilumina teu próprio espírito, e o mundo se abrirá.

A autoconfiança necessita de dois comportamentos, no mesmo momento, numa mesma ação: a lucidez e a paixão.

Torna-te aquele que observa e aquele que age. Conserva-te ao mesmo tempo no rio e à margem deste.

Não deves encontrar os outros senão com um perfeito domínio dos teus desejos e das tuas emoções. Assim evitarás as armadilhas que costumamos armar para nós mesmos.

Recebe os outros como se eles fossem uma parte que está faltando em ti mesmo. Não te contentes com um aperto de mão ou com uma frase superficial. Busca o compromisso em cada uma de tuas relações. A autoconfiança permite estar à escuta dos outros, experimentar o amor e a compaixão, sem que se precise renunciar a si mesmo.

Escolhe uma hora em teu dia para te isolares dos outros. Aproveita esse momento para meditar sobre tuas ações e tuas decisões. Tenta a cada vez descobrir as verdadeiras razões delas. Ilumina teu próprio espírito. Esse método fortalece a autoconfiança.

Conhecendo-te a ti mesmo, evitas perder um dia. Tu te tornas luminoso para os outros.

A autoconfiança começa pelo desejo de conhecer-se. É um começo de claridade. Em seguida, será necessário disciplina, se o objetivo em vista for realmente a auto-realização. Precisas meditar bastante sobre ti mesmo para iluminar teus atos e tuas motivações, voltar a subir até a fonte, onde dorme o segredo da vida.

Desperta-te no olhar dos outros. Eles também são tua fonte.

Não corras atrás de honras e recompensas, não esperes dos outros reconhecimento e agradecimentos. Encontrarás em ti mesmo tuas próprias recompensas, que são a paz, a serenidade, o amor pelos outros, o respeito por ti e o sentimento sagrado da vida.

As ações motivadas pelo apego agitam o espírito e fazem nascer a dúvida. Experimenta simpatia por tuas fraquezas, contempla-as como o adulto contempla uma criancinha. Então elas se tornarão tua força.

Com os olhos fechados, visualiza teu espírito sob a forma de uma caverna repleta de ouro, e diz a ti mesmo que essa riqueza é infinita, inesgotável.

A autoconfiança começa pelo reconhecimento dos teus erros. Considera-os com compaixão, sem experimentar remorso nem vergonha.

A meditação sobre ti mesmo é uma meditação ativa. Tu és o responsável por cada um dos teus pensamentos. Estes têm o poder de curar ou de destruir.

Quando te sentes feliz, então teu mérito contagia o outro e tua alegria ilumina o céu. A confiança serena, determinada, livre de apego, centrada no amor contribui para a felicidade do mundo.

Aprende a apreciar a vida, toda manhã, desde o momento em que despertas. Considera cada novo dia como um milagre, e a alegria te será dada.

O que se deve fazer para alcançar o Despertar está contido neste enunciado: "Dar toda vantagem e toda vitória aos outros; aceitar toda perda e toda derrota para si mesmo."

Evita as ações e os pensamentos nocivos. Volta-te constantemente para os outros, mesmo que medites no interior de ti mesmo.

Quando fores à casa de alguém, não transportes contigo o fardo dos teus maus pensamentos. Purifica-te. Procura a simplicidade e a inocência do coração quando te dirigires a ele. Agir de maneira hipócrita só leva à obscuridade e à confusão.

Não trapaceies, com quem quer que seja. A sinceridade consiste em dizer a verdade com amor, sem procurar ferir.

A autoconfiança não é arrogância nem afirmação estúpida, mas certeza calma, feliz, livre do medo e da ansiedade.

O talento é o dom gratuito do espírito. Não o subestimes. Aprende a reconhecê-lo por trás do acúmulo dos teus erros. Ele nunca deixou de brilhar.

A sinceridade é a forma vulnerável da Verdade. Ela se conserva junto ao coração.

Só se aprende bem por si mesmo, no espelho dos outros. Sozinho, estás condenado à reclusão, à solidão mortal. Considera teus amigos e tuas relações como os engastes preciosos de uma mesma coroa à qual tu pertences. Essa coroa é a vida, misteriosa e sagrada.

Devemos julgar os homens não pelo que eles fazem, pois os atos nos desorientam, mas pelo que eles são interiormente e que os atos traduzem. Aprende a decifrar o comportamento dos outros. Isso te ensinará sobre ti mesmo. Julgando os outros com lucidez, podes julgar a ti mesmo com a mesma lucidez. Teu olhar torna-se um ato de amor e de esclarecimento.

A autoconfiança é uma rocha imóvel, em torno da qual volteiam as paixões, as emoções e os acontecimentos do mundo. Desloca-te para os outros sem abandonar esse território do centro que se chama a Ilha do Coração.

Avida é um rio. Não há nada à primeira vista, mas, quando se olha de mais perto, com olhos que à força de ver acabam se abrindo, aprende-se que tudo muda a todo instante.

Não te choques com os acontecimentos com um sentimento de medo e de agressividade. Procura adaptar-te aos ritmos desses acontecimentos e cavalga-os. É assim que o adepto cavalga o tigre.

A autoconfiança exige o respeito pela vida. Não ousarás mais ferir um animal ou uma planta. Sentirás o universo como um ser vivo vulnerável, com um sentimento de amor por toda a criação.

O autoconhecimento é inseparável do conhecimento dos outros. Da mesma forma, o amor por si é inseparável do amor pelos outros.

Tens uma má opinião de ti mesmo porque não estás olhando na boa direção. Muda o olhar.

As grandes transformações são feitas passo a passo. Coloca uma pedra a cada dia, nunca abandones tua construção, e o edifício se erguerá. Combate a dúvida e a preguiça. Conserva constantemente teu espírito desperto. Observa, compreende e ama.

Afasta-te do mundo mas sem renunciar aos teus desejos. Mantém-te a distância do mundo mas sem deixar o mundo, no tumulto e fora do tumulto. É assim que se participa plenamente da vida, evitando suas armadilhas.

Sê sempre livre, conservando-te intencional. A vida não se dá senão àqueles que a desejam sem querer sufocá-la e possuí-la.

O desejo violento, desesperado, é um desejo de luz, uma felicidade sufocada, que quer viver. Libera-te de todos os pesos inúteis que atravancam tua vida. Consagra-te ao essencial.

Não fiques dobrado sobre ti mesmo, fechado aos outros, ruminando teus problemas, tuas angústias, tuas obsessões. Vai ao encontro dos outros, se quiseres ser feliz. A vida é uma chama. Ela deve queimar ao ar livre.

A autoconfiança exige a confiança nos outros. O que quer que faças, nunca ages sozinho. Somos todos ligados por fluidos sutis, que são a simpatia, o amor, a amizade, a fraternidade, o desejo do espírito ou o desejo do corpo. Trata-se sempre da mesma força única que repleta tudo e que se chama AMOR.

Não traias nunca a confiança do outro, pois ele é semelhante a ti. Estarias traindo a ti mesmo, miseravelmente, trazendo confusão e obscuridade à tua própria vida.

Libera-te. Deixa-te amar pelos outros. Nós todos devemos nos tornar seres radiantes.

Viver o instante presente

A dificuldade não é refletir, mas pensar em refletir. Começa por acolher sempre as ocasiões que se oferecem a ti. Aceitar voluntariamente o exercício da reflexão propicia o hábito de refletir espontaneamente.

Não há passado nem futuro. O que fazes, tu o fazes sempre aqui e agora. O instante é o único lugar da experiência onde a vida pode ser apreendida, experimentada, sentida. O passado e o futuro pertencem à fantasmagoria e são tão inconsistentes quanto os fumos do nevoeiro. Aprende a agir a partir do instante, se quiseres mudar a vida.

O instante não tem limite. Se pudéssemos vivê-lo plenamente, saberíamos o que é a eternidade, pois o presente é eterno.

A alma interior é aquela que te dá, em meio à multidão, o poder de estar, em espírito, a quilômetros de distância dali. Ela possui a mais nobre e a mais rara das independências.

Tu podes utilizar o instante como uma porta e te deslocar no tempo. Tudo é possível. Ver a ti mesmo de repente com cinco anos de idade, num quarto de criança, ou no pátio de uma escola, não é um devaneio vago e nostálgico. Tu estás realmente nesse quarto de criança, nessa escola, ou seja, no Presente dessa época. É o segredo do Instante, a chave de ouro que abre todas as portas: tudo se passa no mesmo lugar, no mesmo tempo, no mesmo momento. Nós estamos realmente lá, e lá é aqui.

Os tibetanos representam o Instante como um vazio rodopiante, no centro da roda da vida e da morte. É o cubo da roda. Esse estado de ser nunca desaparece. Ele é a permanência, o fundamento e, no entanto, ele funciona sem cessar, sem jamais alterar sua imobilidade radiante.

Nós viemos *daqui*, e este *aqui* nunca saiu do lugar.

Onde estaremos dentro de um milhão de anos? Dentro de um milhão de anos, tudo terá mudado. Toda a história passa e repassa pelo mesmo ponto que é o instante. Voltamos sempre, não antes ou depois, mas no Instante que é o misterioso território central do Ser.

Aprende a agarrar o instante. Não te furtes, não fujas para a fantasmagoria do passado ou do futuro. Concentra teu espírito, onde estiveres, com uma consciência acurada do instante. Ele se acha onde nós nos achamos. Não há outro lugar senão aqui.

Libera-te do passado e do futuro, mas presta atenção ao instante que passa. Somente ele é real. Tudo o mais é fantasmagoria.

Quantos anos gastaste refugiando-te em vãos devaneios? A felicidade não espera. Ela se dá aqui e agora.

Sê feliz agora. Não há outro lugar para amar.

Tu te queixas da incompreensão dos outros, da solidão e da falta de amor. Não imagines que amanhã as coisas estarão melhores. "Amanhã" não é senão um ponto de vista do espírito que não tem mais realidade que um sonho. Aprende a agarrar o instante. Todas as respostas te são dadas em cada instante que surge. Não te comprazas em ficar sobre a relva, olhando a água correr. Banha-te nesse rio.

Para agarrar o instante que passa basta abrir o coração.

Não imagines que amanhã te depararás com circunstâncias favoráveis, que mudarão tua vida. O amanhã nunca vem socorrer aquele que sofre. Não há outra realidade a não ser o agora.

Tudo começa hoje.

Não esperes o amanhã. Aproveita o instante para resolver teus problemas com os outros. Não te cinjas aos teus sonhos e às tuas decepções. Aprende a dar no instante, sem esperar.

O amor exige uma resposta de todos os instantes.

Se quiseres dissolver o medo que sentes do tempo e da morte, visualiza a vida como um círculo sem começo nem fim. Considera o instante presente como o ponto que indica o começo e o fim *ao mesmo tempo*.

O guerreiro espiritual nunca abandona o instante presente. Para ele, o instante presente permanece eterno. Ele é o estado original do mundo. O seu esplendor. A sua fonte.

Viver o instante presente exige grande atenção para as coisas mais simples. Sê disponível, desembaraçado dos teus preconceitos, das tuas crenças. Volta a encontrar a inocência do olhar e a vontade diamantina do coração. Então o instante não passará mais. Ele te guardará em sua luz.

A simplicidade é a chave do presente. Ela dá acesso às maravilhosas riquezas.

Viver de acordo com a vida não se resume a seguir preceitos e mandamentos rígidos, que sufocam o coração, que atam violentamente as paixões. Essa é uma visão inadequada da disciplina espiritual. Aprende a escutar o rumor do vento, os batimentos do segundo que escoa. Torna-te novamente a criança admirada com a vida, e a vida te cumulará de coisas boas.

Quando nos exercitamos em ficar sentados, imóveis, atentos a nós mesmos, reconciliamo-nos com o instante presente. É então que somos capazes de agir sobre nós mesmos e ajudar os outros.

A prática da meditação sentada detém os movimentos desordenados do mundo. Ela permite usufruir a experiência profunda do instante.

Uma experiência vivida, forte, intensa não pertence ao passado. Ela está contigo em cada instante. Ela não abandona o instante.

Tudo se faz aqui e agora. Considera o instante como uma jóia pura, a partir de onde tudo começa. Não há outro lugar senão o instante. Na experiência do instante, estamos realmente lá, e lá é sempre aqui.

O que nós tomamos como realidade não é sequer estável no universo. A cada segundo que passa, o mundo já não é o mesmo. Turbilhões, emoções, células, átomos, moléculas... Tudo se agita, tudo muda.

Não existe a oposição noite e dia, passado e futuro. O sol e a lua brilham ao mesmo tempo.

Não deixes para amanhã o que podes viver hoje. O instante passado, que não soubeste reter, é um instante perdido.

As coisas que não se vêem têm também sua luz.

Fala-se dos poderosos do mundo. Nós todos somos poderosos. Os tesouros do universo nos pertencem, e nós podemos dotá-lo de outros mais.

Durante uma discussão exaltada, em que dizemos o que nos vem à cabeça, o choque das palavras sufoca tudo, e já não se ouve a torrente que escava, ali perto, o âmago da rocha. O essencial se acha no interior. Serve-te sobretudo de teus olhos para olhar em ti. Alcança a arte de deixar passar o que passa, e, na fuga deslizante das coisas, localizar em ti o único ponto fixo.

Perder-se não quer dizer escapar de si mesmo, separar-se de si mesmo, mas estar encadeado a si como um remador das galés, e assim encontrar-se numa contínua confrontação.

Tudo o que passa não existe mais e torna-se recordação. Tudo o que deve acontecer não existe ainda. O único espaço real onde podes fazer a experiência da vida chama-se presente. Não há outras realidades.

Medita sobre esta visão, que permite apreender o segredo do Instante:

"Eu sou a ponte, e, maravilha!, não é o rio que corre, é a ponte que avança na direção da corrente."

A ponte é o instante, a partir do qual tu fazes a experiência do mundo. O instante não passa. Ele se desloca. Ele pertence ao fluxo eterno.

Perceber tuas trevas é possuir uma grande luz.

Não se constrói o porvir sonhando com o futuro, mas sim concentrando o desejo e a vontade no instante presente. Não há outro caminho. O instante presente é a fonte de todas as coisas. Ele é o coração do mundo.

O estresse e a fadiga vêm de teu próprio espírito errante que se esgota em jogos imaginários. Teu pensamento orienta-se sempre para as saudades do passado ou para as imagens de um futuro ideal. São fantasmagorias que só trazem sofrimento e solidão, pois elas se desenrolam em dimensões que não existem. Só o presente é real. Ele é a tua força de vida, a partir da qual podes empreender, construir e realizar tua vida.

Aprende a viver o instante presente com o teu corpo e com os teus desejos.

Quando estiveres com alguém, não te contentes em viver instantes superficiais. Experimenta a interioridade de sua companhia e, se tu a amas, aprende a viajar em seus sonhos e em seus desejos. Não confundas o instante presente e os instantes cotidianos que acreditamos poder medir pelo relógio.

É assim que o presente revela sua profundeza, abandonando o mundo da superfície. Em seguida, supera teus desejos, busca a união, que é o vazio bendito onde se realiza o encontro.

Muda o teu modo de sentir, e verás que o instante presente é infinito.

Considera o instante como a tua única segurança. Aprende a descobrir suas riquezas e suas potencialidades. Ele contém tudo. É dele que nascem o passado e o futuro. Ele é o coração do teu próprio coração.

Quando a ação é conduzida a partir do instante presente, ela guarda a visão lúcida da meta, do objetivo. Como a flecha atirada a partir do olho que não treme, ela atinge o alvo. Aquele que vive o instante presente não conhece o fracasso.

O repouso e os sonhos

Para permanecer acima de ti, precisas descer ao teu interior.

❦

Depois de cada ação, deves entrar em ti para buscar novas forças.

❦

Quando teu espírito se retira em si mesmo, isso não significa que ele se furte aos outros, mas antes que simplesmente deseja conciliá-los com o recolhimento. Entrar "no interior" não é fugir, desertar, mas tornar-se mais apto para agir do lado de fora. Para agir com eficácia, medita profundamente.

❦

O repouso não é o relaxamento e a ausência de vigilância. Aprende a ganhar recursos repousando. Isso se obtém por uma total descontração do corpo, e por uma serenidade do espírito, sem pensamento, sem imagem.

Não confundas o repouso, que é a descontração lúcida do corpo, com o sono, que é uma verdadeira mudança de mundo. Utiliza o sono para te conhecer melhor, e o repouso para ganhar novas forças. Um e outro são as armas do guerreiro espiritual.

O repouso é uma preparação das forças não utilizadas.

Repousar significa internalizar-se. Encontrar o lugar onde as tensões desaparecem. Aprende a descontrair teu corpo, respirando com calma, o espírito voltado para o interior.

O repouso permite o desprendimento. A pessoa se vê flutuando no meio do lago, num belo dia de sol.

O repouso nos põe silenciosamente em acordo com nós mesmos. Nós nos escutamos viver, muito longe em nós.

O repouso é uma fonte de frescor vivificante que alivia e cura o nosso espírito doente. Dez minutos diários de repouso profundo são suficientes para o homem apressado. Sem essa prática repetida do repouso, ele acabaria se dispersando, perdendo-se.

Repousar exige uma certa disposição do espírito. Não é necessário deitar-se numa cama para descontrair o corpo. Podes fazer a experiência permanecendo de pé, mas destacado do mundo exterior, atento a ti mesmo, profundamente concentrado sobre o vazio e o silêncio, no interior de ti.

O sono não é mais que a face obscura e ativa do repouso. O espírito consciente não controla mais. Os desejos e as paixões ali se debatem livremente, como os personagens de um filme. Não esqueças que, quando dormes, desces a outros níveis de realidade. O sono é uma das chaves do autodomínio. Utiliza-o como um exercício de yoga.

O sono é a outra metade de tua vida. Não a negligencies.

Aprende a dominar teus sonhos, se quiseres vencer na vida. Eles te trazem toda noite mensagens, inquietações e situações difíceis de decifrar. Contrai o hábito de anotá-los ao despertar, como se tivesses um livro de bordo. Aborda o sono com o espírito do navegador, do explorador. Os sonhos quase sempre te darão as respostas de que necessitas.

Quando sonhas com um amigo, ele vem ao teu encontro com os teus desejos e os teus medos. És tu quem o vestes e colocas em cena em teu sonho. Tu és o criador de um mundo fantasmagórico. Podes desmontá-lo e recriá-lo de acordo com a tua conveniência. Os sonhos ensinam o poder do espírito que se acha em nós. Utiliza os sonhos para reencontrar teu próprio espírito, que é tua divindade interior.

Sonhar, conservando a consciência dos sonhos, permite agir com eficácia sobre os acontecimentos da vida cotidiana.

Tu podes dirigir teus sonhos e mesmo escolhê-los meditando sobre eles antes de dormir, tornando-os conscientes.

Aprende a sonhar com teus amigos e com aqueles a quem amas. Os sonhos fortalecem os laços.

Purifica-te antes de pegar no sono tomando um banho, fazendo silêncio em torno de ti e escolhendo bons pensamentos. Então teu sono ganhará luz.

Os sonhos são informações: visões, farrapos de mundos, galáxias, deslizamentos de universos, outras civilizações. Num sonho, as paisagens e as ações são reais. Durante o sonho, aquele que dorme não existe mais. Ele desapareceu — ou antes olha do outro lado. Ele vê, escuta, fala, age.

Nunca sabes de antemão de que espaço do sonho descerás. Aprende a deslocar-te nos sonhos.

Em meio à duração do sonho as distâncias são abolidas, suprimidas, e o tempo não é mais o mesmo. Tu adentras por outro universo.

Considera o sonho um espaço-tempo diferente, onde o passado e o futuro se encontram. O sonho se situa fora do tempo e exprime realidades que te escapam. Aprende a traduzi-las.

Nos sonhos, teu próprio espírito te fala, dirige-se a ti, busca ser compreendido. Não o negligencies. Responde a ele.

Aprende a meditar em teus sonhos, durante o sono. Basta que adormeças visualizando uma forma, um lugar, um personagem ou uma divindade para encontrá-los no interior do sonho.

O sonho pode prevenir contra um perigo ou endereçar mensagens. Os espíritos protetores utilizam o espaço do sonho para se comunicarem contigo. O sonho é também um espelho que reflete a ti mesmo, e no qual podes corrigir teus erros. Ele te mostra o que és ou o que deverias ser. Há vários tipos de sonhos. Aprende a distingui-los.

A coragem e o medo

Cada vitória sobre nós mesmos é como um nascer do sol. Superar o medo, todos os medos, abre um horizonte ilimitado.

Compreende que o medo que sentes dos outros é antes de tudo medo de ti mesmo. Um ser pacificado, havendo superado suas angústias, vai em direção aos outros com serenidade.

Conserva teu espírito permanentemente na alegria do instante, e o medo se desmantelará. Nenhuma noite é suficientemente longa e obscura o suficiente para impedir que a aurora se levante.

Não temas a prova difícil, a lassidão, a perda da esperança. É quando se toca o fundo que se pode olhar para as estrelas.

O medo alimenta-se das agitações de teu espírito. Observa teus medos sem intervir, sem tentar dominá-los ou combatê-los, e eles desaparecerão.

Aprende a conhecer-te, ilumina as zonas de sombra de teu espírito, desmonta os mecanismos do pensamento que te fazem agir e reagir, e o medo desaparecerá.

O medo dos outros não é senão o medo de nós mesmos.

O medo não existe. Ele não tem identidade nem realidade pessoal. Ele precisa de ti para viver, de tuas dúvidas, de tuas fraquezas.

Uma das maiores dificuldades consiste em dominar a violência das emoções. Abandona-te à vida, sem procurar combatê-la nem tampouco sofrê-la, mas livremente.

Os conflitos interiores, o desejo, os remorsos fazem de nós seres atormentados, acorrentados pelas paixões. Aprende a pacificar teu espírito, se quiseres ser feliz.

O medo teme a luz. Dá cabo da desordem de teu espírito iluminando-o tu mesmo. Volta a tornar-te senhor do reino.

A angústia alimenta-se das contradições do espírito, dos conflitos, das indecisões para crescer. Um espírito dividido, que não conhece a si mesmo, está repleto de inimigos fantasmas. Se queres ser feliz, reconcilia-te com o teu próprio coração.

As crianças sabem que o medo se conserva agachado na obscuridade, como o tigre, pronto para saltar sobre a vítima. Ilumina teus atos, teus desejos, teus pensamentos, lança sobre eles a luz do espírito, e teu medo desvanecerá. Faze como a criança, que acende a luz para afugentar os espectros.

Os medos, as inquietações, as angústias traduzem um medo mais profundo, que é o da morte. É o Grande Medo que atormenta o homem desde a noite dos tempos. Aprende a morrer todos os dias, alegremente, sem perder o amor pela vida, e teu medo será vencido.

Contempla teus medos, livremente, sem vergonha, como animais estranhos.

Torna-te o espectador do medo. Ele não te diz respeito. Não lhe dirijas sinal algum. Observa-o sem intervir, afastado do jogo.

Encontra uma fé precisa e uma necessidade desesperada de ação. Que tua vida se torne uma busca, mesmo desajeitada. Querer ser feliz, do fundo da infelicidade, acende uma estrela no céu.

O espírito confuso, deformado pelo medo, reflete o caos do mundo e suas contradições. O espírito liberado do medo reflete a harmonia do mundo, sua unidade, sua beleza. Tudo depende de teu olhar sobre ti mesmo.

Muda a ti mesmo, e o mundo mudará.

Se quiseres pôr fim à violência, olha o mundo como um único ser.

A cólera é uma das formas visíveis do medo. Na cólera, é o medo que nos pega de surpresa.

Queres ser realmente livre? Encontra a lucidez do coração e acende a lâmpada do espírito.

Se queres pôr fim ao medo, abre a porta e as janelas para o interior de ti mesmo, deixa entrar a luz, não deixes nenhum recanto na sombra. Analisa, examina, observa, desvenda todas a possibilidades de conflitos, conservando um espírito calmo, perfeitamente concentrado. Encontra a audácia e a lucidez do guerreiro: desce em ti e arranca o medo pela raiz.

A coragem não exige uma demonstração heróica, sensacional, que todo mundo veria, mas sim uma guerra secreta no interior de nós mesmos. A coragem se verifica todos os dias, nos atos da vida corrente, lutando-se contra os hábitos, as mentiras, os arranjos, os compromissos que obscurecem o espírito, impedindo sua liberação.

O amor exige a maior coragem, pois ele implica a vulnerabilidade, o deixar-se tomar, que é o dom total de si.

Contempla tua natureza positiva, sob a máscara do medo e da inquietude. Aprende a te amar, a te admirar, por trás de tuas fraquezas. Encontra o amor de ti mesmo e oferta-o aos outros.

Não fortaleças tuas fraquezas, mas tuas vontades. Não alimentes tuas covardias, mas tuas audácias. Impõe a ti mesmo, toda manhã, um obstáculo a ser superado, um hábito a ser mudado, uma outra maneira de ver. Lança a ti mesmo desafios e tem a coragem de enfrentá-los. Aprende a florir tua vida.

Em face da doença, encontra a coragem e a inocência dos conquistadores. Repleta-te de orgulho e certeza, que tua fé seja intacta, como a da criança que brinca com dedicação. Aprende a crer, e serás exaltado. A cura, o recuo da doença não raro dependem de uma certa disposição do espírito.

Não te habitues à derrota, como o jovem envelhecido que perdeu todas as suas ilusões. Esse sentimento seca a alma e nos aproxima da morte.

Observa a natureza à tua volta, os insetos, os vegetais, não como um espetáculo imóvel, mas como um turbilhão de forças criadoras. Fecha os olhos e considera-te como o centro do turbilhão. Assim, teu coração e o coração do mundo serão apenas um. Essa união comunica grande sabedoria.

A coragem exige resposta imediata e não deixa lugar algum à reflexão, à hesitação. É antes que se deveria refletir. Chega um momento em que se torna necessário agir e abandonar-se com toda a confiança.

Não tenhas medo de tuas fraquezas, dos teus maus pensamentos. Eles existem para instigar tua vontade, teu desejo de vencer.

És muito apegado a ti mesmo, e desse apego nascem o medo, a agressividade, a necessidade de reter, de dissimular. Livra-te das falsas imagens de ti mesmo. Aprende a renunciar, sem perder tua natureza profunda. Nunca abandones a ilha do coração.

Os poderes do espírito

Aprende a conhecer os poderes do teu espírito, se quiseres conhecer os mistérios da vida e da morte. Abre teus olhos para o interior. A chave se acha dentro de ti.

Teu espírito te propõe a liberdade infinita de criar. Volta a tornar-te criador.

Observa o mundo de outra maneira. Muda teu olhar sobre as coisas.

Vivemos num oceano de vibrações, de cores, de imagens. O mundo visível não é senão um aspecto, uma imagem, um instante do Movimento, como uma onda do mar, ou uma simples dobra na trama infinita de um tecido. Não existe apenas um mundo, mas uma multidão de mundos.

Aprende a ver o interior das coisas, com os olhos do espírito. Não aceites a realidade superficial. Essa parede não é uma parede... mas um conjunto de moléculas que giram em turbilhões numa velocidade louca, um mosaico de vibrações que se agitam, rodopiam e se modificam incessantemente.

Esta maneira de ver desperta os poderes do espírito. Medita sobre os objetos mais usuais para apreender o mistérios deles. Essa mesa, a que estás sentado, contém uma miríade de universos. Ela não tem solidez. Basta examinar ao microscópio a madeira dessa mesa para compreender o mundo de outra forma. O olho mergulha no infinito, sem nunca encontrar o fim.

O infinitamente pequeno é tão vasto quanto o infinitamente grande. Aliás, não há fronteira entre ambos. A única fronteira somos nós, nossa maneira de sentir, de receber.

A matéria é viva. Os micromundos existem. Há bolsões de realidade por toda a parte na espessura da matéria. Aprende a ver os outros mundos.

Se o mundo te entedia, então muda de mundo.

Mudar de mundo é mudar de consciência.

Por trás da aparência das coisas, há estradas e passagens que conduzem a outros mundos, a outros universos, ou seja, a outros planos de realidades. Tu podes entrar numa imagem ou numa música utilizando a meditação, isto é, a concentração do espírito.

Temos uma multidão de corpos, e só temos consciência do corpo material. Podes te deslocar, passar de um corpo a outro. É como se morasses num apartamento de um prédio de cinqüenta andares, sem saber que é possível abrir uma porta, explorar os outros cômodos, os andares. Volta a tornar-te realmente consciente de ti mesmo. Explora teus sonhos, teus desejos, tuas sensações, até à vertigem.

Não contraponhas o visível ao invisível, o mundo material ao mundo do espírito. É como se afirmasses que o gelo não é água.

É preciso desaprender, e aprender de outra maneira. No limite de tuas percepções vive uma multidão de formas de vida levando uma existência paralela à tua. Aceita o milagre dos outros mundos como uma realidade, tão verdadeira e tão fugidia quanto a tua realidade cotidiana.

Observa o mundo a partir do espírito, e tu o verás abrir-se, multiplicar-se, enriquecer-se. Sua profundidade é infinita. Põe sobre o mundo os olhos do mago, e ele te responderá pelo encantamento, dando-te amor.

TUDO EXISTE. A meditação abre a passagem, arranca ataduras e mordaças, escancara portas e janelas, mostra-nos as outras paisagens e nos diz: "Aí estão vocês. Desloquem-se! São livres. Vocês habitam todos os mundos!"

Aprende que a forma não passa de ilusão. Isolamos as formas, podemos desenhá-las, nomeá-las, sem saber que elas são as seqüências de um ritmo eterno, como o cambiante movimento das ondas.

Existe um nível muito profundo da meditação em que as diferenças e as distâncias se fundem numa mesma corrente. Em estado de amor, de união total, elas rodopiam, dançam, vivem a resplandecência dos universos, EM UM ÚNICO RITMO.

Nossa existência na Terra é rápida, ou lenta... tudo depende do observador. Na escala do universo, já estamos mortos. Se ainda nos encontramos aqui, é que temos uma visão muito mais lenta do desenrolar das coisas.

Para despertar os poderes do espírito, compreende que não há passado nem futuro. O universo vive e se exprime no presente eterno. É preciso um terceiro ouvido para ouvir ou um terceiro olho para ver.

Utiliza a força das visualizações. A forma, a imagem sobre a qual meditas torna-se realidade. Podes explorar as múltiplas variações do universo. Tudo depende do tipo de mundo que queres ver aparecer. É um jogo intenso, hipnótico, que nos faz viajar para longe, sem deixar O INSTANTE.

Treina teu espírito para ver de outra maneira. A magnificência do universo te será dada, e o sol não se apagará mais.

A aceitação

As eventualidades da vida não são adversárias, mas aliadas. Aprende a recebê-las, mesmo quando te incomodam. A aceitação é a mais alta forma do Amor. É o "sim" definitivo à experiência sagrada da vida.

Afirma positivamente o mundo em teus atos e em teus pensamentos. Considera toda a criação com respeito e maravilhamento.

O corpo físico é um presente supremo que deves proteger e respeitar. Ele é chamado de "corpo precioso" nos ensinamentos do Vajrayana. Toma consciência do milagre de tua existência.

Pergunta a ti mesmo: "Como posso ajudar os outros?" Encontra o dom da atenção e da afeição, e então os outros crescerão contigo, e tu conhecerás a alegria e a plenitude do coração.

Abandona-te ao amor, ainda que não conheças seu objetivo misterioso. Ele te ensinará o que é a bondade original da existência. Ele te liberará do medo e encherá de sol todos os teus atos.

Aquele que encontrou seu lugar é semelhante à árvore. Cria raiz e não se desloca mais.

Quando caminhares, abandona-te à estrada, com o espírito calmo, sem tensão nem agitação. A caminhada é regeneradora. Utiliza-a como uma meditação.

Felicidade do nômade: aquele que caminha enraíza-se a cada novo passo. Ele tem seu lugar por toda a parte onde se encontre. Ele renova o amor deslocando-se.

Aceita o mundo como ele é realmente, e não como ele se apresenta.

A auto-aceitação e a aceitação dos outros são as duas faces de uma mesma moeda. Uma mesma riqueza.

O desapego não é o encarceramento, ou o afastamento. Ele exige uma presença constante no mundo, uma proximidade sempre maior dos outros, sem intenção, gratuitamente.

Abandonar não significa esquecer, mas tornar presente, sem laço, sem apego. É um ato de liberação. Distendem-se os laços, e o mundo que nos cerca não é mais deformado por nossas obsessões, por nossas fantasias. Ele se torna livre novamente.

Abandonar-se significa tornar-se livre.

O relaxamento é uma das primeiras formas do abandono. O corpo não luta mais contra a atração terrestre. Abandona-se à gravitação, como o fazem todos os astros e todos os corpos celestes.

Distender-se não quer dizer repousar, isolar-se do tumulto e do barulho, mas sim acolher o mundo, preparar-se para recebê-lo.

Aprende-se a relaxar a tensão dos nervos, a controlar a respiração e os batimentos do coração, a ver flutuarem as sensações sem tentar retê-las. Exercita o abandono do corpo e do espírito, se quiseres ganhar o mundo. Só se recebe aquilo que se aceita perder.

Em certas circunstâncias, a vida se oferta a nós de maneira surpreendente a fim de nos maravilhar. Ela surge às vezes onde tu não a esperavas; no estranho ou no inimigo. É assim que ela comunica sua GRANDE BONDADE, que é a fonte suprema do universo.

Chega-se ao abandono renunciando ao espírito crítico, ao julgamento pessoal, à inveja e à desconfiança. É preciso fazer sacrifícios para subir mais alto.

Aquele que abandona não renuncia. Ele aceita. O abandono não é um reflexo egoísta, mas um dom de amor. Ele permite encontrar os outros, autenticamente, por trás das máscaras, do truque e da ilusão.

A aceitação oferece um risco muito maior que o simples fato de amar. Aquele que se abandona não se contenta em amar. Ele dá a si mesmo a audácia de fazê-lo. Compromete-se numa grande aventura.

Aprende a renunciar ao que importuna e cria obstáculos para acolher melhor o outro. Retira tudo o que se opõe, protege, cerca — tudo o que pode ferir e complicar o encontro com o outro.

Não deves suportar a vida, mas conduzi-la. Só o amor é capaz de tal prodígio.

Abandonar-se ao mundo exige uma aguda vigilância, um olhar de águia acima do vazio. Aquele que se conserva sempre desperto não cai mais.

Não nos abandonamos para escapar do mundo, e sim para acolher a alegria, no meio do mundo. Perdendo o inútil, encontras o essencial.

A alegria e o ato de compartilhar

O sol do meio-dia, em sua alegria, sua apoteose, brilha para todo mundo. Ele distribui com realeza suas riquezas. Conserva-te no zênite de tua vida, e serás inesgotável, para ti e para os outros.

Não é necessário ter autodomínio total, um conhecimento profundo do coração, para dar aos outros. O dom conserva-se na superfície dos lábios, no desenho de um gesto. É leve de carregar. Ele cresce na inocência e na luz.

Compartilhar é multiplicar as chances de felicidade.

A alegria não é uma paixão humana, violenta, que se instala por um breve instante e logo volta a desaparecer. Ela é a sabedoria inerente do ser humano, a luz do coração, seu cintilar na vida de todos os dias.

Não rejeites o bom humor. Ele alivia e impede o murchamento do corpo e do coração. Sem bom humor, a felicidade não dá os seus frutos. É como uma árvore sem pássaros que olha para o inverno.

Quando compartilhada, a alegria nunca se torna menor. Ela se renova constantemente no outro.

A alegria é uma fonte de juventude eterna.

Se guardares tua felicidade para ti mesmo, ela acabará te sufocando. Comunica-a aos outros, àqueles que tu amas, aos teus próximos, e tu a verás florescer.

A vida se afirma por uma alegria constante que reconcilia os adversários, reaproxima os amantes, os amigos, numa mesma liberdade. A alegria é um estado de perfeita aceitação, de renúncia a si mesmo e de abandono aos outros. Encontramo-nos de repente repletos dela, para além de nossos limites humanos.

Volta teus olhos para a simplicidade natural do mundo: o céu, a luz do sol, as árvores, as flores e os risos das crianças. Tira todos os pesos de ti. Torna-te novamente leve e puro como um céu de montanha.

Deves livrar-te da arrogância e da falta de amor, se quiseres ser feliz. Não te isoles, não alimentes teu egoísmo; caminha ao encontro dos outros, de mãos abertas.

O compartilhamento não divide. Ao contrário, ele reúne o que foi separado, dividido. Saímos de nós mesmos para ir ao encontro dos outros, com simpatia, contentamento e modéstia. Busca essa humildade alegre, animado pelo desejo de servir o mundo. É a ti mesmo que receberás como recompensa, tua realidade profunda, em acordo com a realidade harmoniosa do universo.

O amor que se detém na superfície das coisas está condenado ao fracasso e à morte. Ele é como a árvore sem raiz, prometida ao machado do lenhador.

Sente prazer em viver, e a vida tomará conta de ti.

Como dar aquilo que não se possui? Aprende a amar a ti mesmo, se quiseres ver brilhar o universo nos olhos dos outros.

Não te apegues aos resultados, mas nunca limites teus desejos, se quiseres conhecer a alegria.

O dar e o receber vêm do coração e para ali retornam livremente. A alegria se acha onde tu te encontras. Ela não é nunca exterior à pessoa. Há somente um lugar, ao mesmo tempo fonte de saúde, de abundância, de maravilhamento, e este lugar está em ti.

Aprende a amar aqueles que não se parecem contigo, que parecem diferentes, afastados de tua cultura, de tua história. Eles são os outros espelhos de ti mesmo. Sem eles, não tens senão uma imagem incompleta da felicidade. Não estás realmente reconciliado contigo mesmo.

Deves evitar as discussões e os conflitos que obscurecem o coração. Eles preparam o terreno para o sofrimento e para a solidão.

Cultiva em ti o desejo de ser feliz, malgrado as hesitações e os obstáculos. Não fujas ao combate contra ti mesmo. Deves aprender a pacificar tuas contrariedades e tuas paixões, se quiseres ser feliz.

No instante presente em que o sol se põe, a vida se acende no interior, não julgues o que é feliz ou infeliz, luminoso ou obscuro. Tu deves fazer calar essas divisões absurdas, e buscar a unidade do coração, a plenitude alegre. Acende em ti um sol que não se apague.

Clareira,
sê bendita pelo infinito universo de nós mesmos,
de nossa realidade,
nossa consciência suprema
Luz incrivelmente verdadeira,
hoje

TUDO COMEÇA.

Possam estas bênçãos se espalhar.

Este livro foi composto na tipologia Galliard BT,
em corpo 11/15,5, impresso em papel
Chamois Bulk Dunas 90g/m² no Sistema Cameron
da Divisão Gráfica da Distribuidora Record.